COMO SAIR DO LABIRINTO

Obras do autor publicadas pela Editora Record

Como sair do labirinto
O gerente-minuto com Kenneth Blanchard
Liderança e o gerente-minuto com Kenneth Blanchard
O vendedor-minuto com Larry Wilson
O professor-minuto com Constance Johnson
A mãe-minuto
O pai-minuto
Um minuto para mim
O presente precioso
O presente
Quem mexeu no meu queijo?
Quem mexeu no meu queijo? Para crianças
Quem mexeu no meu queijo? Para jovens
Sim ou não
O vendedor-minuto

SPENCER JOHNSON, M.D.

COMO SAIR DO LABIRINTO

Tradução de **Márcia Alves**

1ª edição

EDITORA RECORD
RIO DE JANEIRO • SÃO PAULO
2019

CIP-BRASIL. CATALOGAÇÃO NA PUBLICAÇÃO
SINDICATO NACIONAL DOS EDITORES DE LIVROS, RJ

J65c   Johnson, Spencer, 1938-2017
      Como sair do labirinto / Spencer Johnson; tradução de Márcia Alves. –
   1ª ed. – Rio de Janeiro: Record, 2019.
     21 cm.

     Tradução de: Out of the Maze
     ISBN 978-85-01-11584-3

     1. Romance americano. I. Alves, Márcia. II. Título.

                               CDD: 813
18-54476   CDU: 82-31(73)

Meri Gleice Rodrigues de Souza – Bibliotecária – CRB-7/6439

TÍTULO EM INGLÊS:
OUT OF THE MAZE

Copyright © 2018 by The P. Spencer Johnson Trust of 2002, dated February 1, 2002

Esta edição foi publicada mediante acordo com Portfolio, um selo da Penguin Publishing Group, uma divisão da Penguin Random House LLC.

Texto revisado segundo o novo Acordo Ortográfico da Língua Portuguesa.

Todos os direitos reservados. Proibida a reprodução, no todo ou em parte, através de quaisquer meios. Os direitos morais do autor foram assegurados.

Direitos exclusivos de publicação em língua portuguesa somente para o Brasil adquiridos pela
EDITORA RECORD LTDA.
Rua Argentina, 171 – Rio de Janeiro, RJ – 20921-380 – Tel.: (21) 2585-2000, que se reserva a propriedade literária desta tradução.

Impresso no Brasil

ISBN 978-85-01-11584-3

Seja um leitor preferencial Record.
Cadastre-se no site www.record.com.br e receba
informações sobre nossos lançamentos e nossas promoções.

Atendimento e venda direta ao leitor:
mdireto@record.com.br ou (21) 2585-2002.

Nota da editora

Os quatro personagens retratados em *Quem mexeu no meio Queijo?* foram criados por Spencer Johnson para representar partes simples e complexas de nós mesmos. O nome de cada um deles remete ao seu comportamento e à sua personalidade. Sniff, que em português significa farejar, percebeu rápido a mudança. Scurry, que pode ser traduzido como apressar-se, tratou logo de correr na frente. O nome Haw faz uma referência a uma atitude reticente, hesitante. Inicialmente, ele não sabe o que fazer, mas, quando percebe que a mudança leva a algo melhor, rapidamente se adapta. Já o nome Hem faz uma alusão ao verbo enclausurar em inglês, uma vez que o personagem resiste à mudança por medo de que ela leve a uma coisa pior e então fica confinado naquela situação. Em *Como sair do labirinto*, Hem conhece uma nova pessoinha chamada Hope. O nome dela expressa exatamente o que a estranha levou para o personagem que ficou preso no labirinto: esperança.

— *Não consigo acreditar nisso!* — *falou Alice.*

— *Não?* — *perguntou a Rainha, em tom de pesar.* —
Tente de novo: respire fundo e feche os olhos.

Alice riu.
— *Não adianta tentar* — *disse ela.* — *Não se pode
acreditar em coisas impossíveis.*

— *Com certeza você não tem muita prática* — *comentou
a Rainha.* — *Quando eu tinha a sua idade, praticava
todos os dias por meia hora. Quer saber mais? Às vezes
eu chegava a acreditar em seis coisas impossíveis
antes do café da manhã.*

Lewis Carroll

A imaginação é mais importante que o saber.
O saber é limitado. A imaginação dá voltas ao mundo.

Albert Einstein

Sumário

A história por trás de *Como sair do labirinto*   11

Prefácio   13
por Emerson Johnson, Austin Johnson e Christian Johnson

Um seminário: Chicago   15

Como sair do labirinto

A história original de *Quem mexeu no meu Queijo?*   21

A *nova* história: *O que aconteceu depois...*   23
    O dilema de Hem
    A verdade dos fatos
    Hem se aventura pelo Labirinto
    A Estranha
    Empenhar-se mais
    O sonho de Hem
    Hem escolhe uma nova convicção
    E se você acreditasse que fosse possível?

"O que existe do lado de fora do Labirinto?"
Cantos escuros e becos sem saída
Do lado de fora do Labirinto

Um debate   91

Carta   103
de Spencer Johnson, M.D.

Posfácio   105
por Ken Blanchard, Ph.D.

Agradecimentos   109

A história por trás de
Como sair do labirinto

A história de *Quem mexeu no meu Queijo?* foi originalmente escrita pelo Dr. Spencer Johnson para ajudá-lo a encarar uma fase complicada de sua vida. Depois de anos compartilhando sua pequena fábula com inúmeras pessoas e vendo como a história colaborou para melhorar suas vidas, tanto no âmbito pessoal como no profissional, ele a transformou em um breve livro.

Seis meses após sua publicação, a curta parábola de Spencer havia vendido mais de um milhão de exemplares em capa dura e, cinco anos depois, mais de 21 milhões. Em 2005, a Amazon divulgou que *Quem mexeu no meu Queijo?* era seu livro mais vendido de todos os tempos.

Ao longo dos anos, o adorado clássico de Spencer Johnson estava presente em lares, empresas, escolas, igrejas, nas forças armadas e em times esportivos. E se espalhou pelo mundo em diversos idiomas. Seus leitores e fãs relatam que a sabedoria adquirida com a leitura do livro contribuiu para uma melhora em suas carreiras, em seus negócios, em sua saúde e em suas vidas conjugais. Agrada a todo tipo de público.

Apesar disso, Spencer percebeu que algumas questões haviam ficado sem resposta.

"Muitas pessoas que leram a história original", escreveu ele em suas anotações para esta continuação, "queriam saber mais sobre *por que* e *como*. Por que algumas vezes nos adaptamos às mudanças e nos saímos bem e, em outras, não? E como podemos nos adaptar mais rápido e mais facilmente a um mundo em constante transformação para sermos mais felizes e mais bem-sucedidos, independentemente de qual seja o significado de 'sucesso' para cada um de nós?"

Spencer concluiu que as respostas a essas perguntas seriam mais fáceis de serem encontradas e explicitadas se a fábula do *Queijo* pudesse dar um passo crucial adiante.

Quem mexeu no meu Queijo? mostrou aos leitores um caminho para se adaptar às transformações em suas vidas pessoais e profissionais.

Agora, *Como sair do labirinto* oferece as ferramentas que irão ajudar você a atravessar o caminho e não só se adaptar às transformações como também mudar o seu destino.

Prefácio
por Emerson Johnson, Austin Johnson e Christian Johnson

É muito gratificante para nós saber que você está prestes a começar a ler *Como sair do labirinto*.

Desde bem jovem, nosso pai sempre gostou de descobrir maneiras de ajudar as pessoas. Na adolescência, ele montou uma escolinha de natação para ensinar as crianças do bairro a nadar. Durante a faculdade, ele se especializou em cirurgia, mas depois acabou descobrindo sua verdadeira paixão: escrever. Por meio da escrita, ele compreendeu que poderia ajudar um número maior de pessoas.

Sentimos uma saudade imensa dele e temos muito orgulho do legado que ele deixou para o mundo.

Ele próprio, inúmeras vezes, lançou mão das mensagens e dos ensinamentos contidos em sua fábula, tanto nos períodos bons da vida como nos ruins. Quando foi diagnosticado com câncer no pâncreas, foram essas lições que o ajudaram a encarar sua doença sob uma nova luz, dando-lhe forças para aceitar com amor e gratidão as mudanças pelas quais estava passando.

Ao final do livro, compartimos uma carta que ele escreveu na fase final da doença e que, na nossa opinião, mostra quanto ele usava esses insights em sua própria vida.

Esperamos que você goste deste livro e desejamos a você tudo de bom.

Família Johnson
Julho de 2018

Um seminário
Chicago

Em um dia frio de outono, um grupo de pessoas se reuniu para mais um seminário semanal sobre desenvolvimento empresarial. Seria o penúltimo encontro, e todos tinham de ler uma breve história sobre os personagens Hem e Haw, que reagiram de formas bem diferentes a uma mudança. O título do livro era *Quem mexeu no meu Queijo?*.

Dennis, o mediador do seminário, começou o debate.

— Olá, pessoal, eu gostaria de começar com uma pergunta: quem, afinal de contas, *mexeu* no nosso queijo, e o que vamos fazer a respeito?

Foi uma gargalhada geral. Dennis tinha o dom de deixar as pessoas ao seu redor à vontade, porém todos que o conheciam sabiam que, quando se tratava de negócios, ele falava sério.

16 / Spencer Johnson

Eles começaram a debater sobre o livro. Uns disseram ter tirado grande proveito da história, tanto para a vida profissional como para a pessoal.

Outros, porém, tinham dúvidas.

— Entendi tudo sobre se adaptar às mudanças — disse Alex, que trabalhava na área de tecnologia. — Mas é mais fácil falar do que fazer. Como, exatamente, a gente *faz* isso?

Mia, formada em medicina, concordou.

— Algumas mudanças parecem fáceis de aceitar. Outras, porém, dão a impressão de serem bem difíceis.

— E meu trabalho não apenas sofreu uma transformação — acrescentou Alex. — É como se tivesse sumido do mapa.

— Comigo foi a mesma coisa — disse Brooke, que era do mercado editorial. — Às vezes, acho que não mais reconheço o ramo em que trabalho.

— Às vezes não reconheço nem minha própria *vida* — afirmou Alex. Os outros acharam graça. — É verdade — afirmou ele. — Foram tantas mudanças ao mesmo tempo... eu me *mexeria junto com o queijo*, se pudesse, mas, na maioria das vezes, não faço a menor ideia de onde o queijo foi parar!

Enquanto isso, um jovem sentado mais ao fundo, Tim, ergueu a mão e falou alguma coisa.

Com um gesto, Dennis fez com que o grupo ficasse em silêncio e, assim que todos se acalmaram, pediu a Tim que repetisse em voz alta o que havia acabado de falar.

Tim pigarreou e perguntou:

— E o que dizer sobre Hem?

Como sair do labirinto / **17**

Alex se virou para o jovem:

— O que tem ele?

— O que aconteceu com ele? — indagou Tim.

A turma ficou séria, relembrando a história de Hem e Haw em busca da resposta.

— É isso que eu quero saber — continuou Tim. — Porque, para ser bem honesto, Hem é o personagem dessa história com quem eu mais me identifico.

"Parece que Haw entendeu o que estava acontecendo e encontrou seu rumo. Mas Hem, por outro lado, ficou sozinho e contrariado em sua casa vazia. Acho que ele gostaria de fazer o mesmo que Haw, mas acabou ficando travado. Odeio dizer isso, mas é mais ou menos assim que eu me sinto."

A princípio, ninguém disse nada. Mas, logo depois, Mia tomou a palavra:

— Entendo o que você está dizendo. Eu me sinto assim também. *Quero* ir para onde o queijo está. Mas não sei nem por onde começar.

Um a um, todos foram se dando conta de que as palavras do jovem se aplicavam em suas próprias vidas também. Na história, o personagem Haw partiu e encontrou o "Novo Queijo". Ele aceitou a mudança, e deu tudo certo para ele. Hem, por outro lado, continuou desorientado.

Muitos no grupo se sentiam da mesma forma.

Durante aquela semana, Dennis pensou bastante em Tim e na dúvida que ele havia levantado.

Quando a turma se reuniu novamente, na semana seguinte, ele falou:

— Pensei bastante no que conversamos na semana passada tentando descobrir por que Haw mudou e Hem não, e no que poderia ter acontecido depois. Acho que essa história não parou por aí e gostaria de compartilhá--la com vocês.

A sala estava em tamanho silêncio que dava para ouvir uma mosca voando. Todos estavam ansiosos para saber *O que havia acontecido com Hem.*

— Vocês provavelmente se lembram de *Quem mexeu no meu Queijo?*, começou Dennis...

A história original de
Quem mexeu no meu Queijo?

Era uma vez, numa terra muito distante, quatro pequenos personagens que corriam por um labirinto à procura do queijo que os alimentaria e os faria felizes. Dois eram ratos: Sniff e Scurry. Os outros eram pessoinhas: Hem e Haw.

O Labirinto era um emaranhado de corredores e compartimentos, alguns contendo queijos deliciosos. Mas também havia cantos escuros e becos sem saída.

Um belo dia, todos encontraram seu queijo favorito no final de um corredor na Estação de Queijo Q. Depois disso, eles continuaram voltando àquele lugar todos os dias para se deliciarem com o saboroso Queijo.

Não demorou muito para que Hem e Haw organizassem suas vidas em torno da Estação de Queijo Q. Eles não faziam ideia de onde o Queijo vinha, nem de quem o colocava lá. E simplesmente supunham que sempre estaria ali.

Até que, um dia, não estava mais.

Quando se deram conta de que o Queijo havia desaparecido, Sniff e Scurry na mesma hora partiram em busca de um Novo Queijo.

Mas Hem e Haw não. As duas pessoinhas ficaram onde estavam, paradas como estátuas. O Queijo deles havia sumido! Como era possível? Ninguém tinha avisado nada! Não era justo! As coisas não deveriam ser assim.

Eles passaram dias se lamentando.

Quando Haw percebeu que Sniff e Scurry haviam se embrenhado pelo Labirinto, resolveu seguir o exemplo deles e procurar Novo Queijo também.

— Às vezes, Hem, as coisas mudam e nunca mais voltam a ser como antes — disse Haw. — Essa parece ser uma dessas ocasiões. A vida segue em frente, e nós deveríamos fazer o mesmo.

E, dito isso, ele partiu.

Passados alguns dias, Haw apareceu novamente na Estação de Queijo Q com pequenos pedaços do Novo Queijo e o ofereceu a Hem.

Mas Hem achou que não ia gostar daquele Novo Queijo. Não era igual ao que estava acostumado a comer. Ele queria seu *próprio* Queijo de volta. Embora relutante, Haw tomou seu rumo sozinho para procurar mais Novo Queijo.

E aquela foi a última vez que Hem viu seu amigo Haw.

A *nova* história:
O que aconteceu depois...

Durante dias, Hem ficou em casa, nos arredores da Estação de Queijo Q, andando para lá e para cá, revoltado, reclamando de tudo.

A cada dia, ele acordava com a esperança de que mais Queijo fosse aparecer e simplesmente não conseguia acreditar quando isso não acontecia. Ele tinha certeza de que, se continuasse insistindo naquilo, tudo voltaria a ser como antes.

Mas não foi o que aconteceu.

E por que Haw não voltou? Hem imaginou dezenas de respostas enquanto andava de um lado para o outro.

No início, ele disse a si mesmo:

— Haw *vai* voltar. Qualquer dia desses ele vai estar aqui, e tudo vai voltar a ser como antes. Mas o tempo foi passando, e não havia sinal de Haw.

Conforme sua raiva ia aumentando, Hem começou a pensar diferente.

"Ele se esqueceu de mim."

"Ele está se escondendo de mim."

"Ele está fazendo isso de propósito! Como o meu amigo pôde me trair desse jeito?"

Esse último pensamento deixou Hem enfurecido, e, quanto mais insistia nessa ideia, mais sua raiva crescia.

Ele estava zangado pelo fato de Haw tê-lo deixado sozinho, pelo Queijo ter sumido e porque nada do que ele fazia parecia reparar ou melhorar a situação. Por fim, parou e gritou: "ISSO NÃO É JUSTO!"

Exausto daquele vaivém e de tanta frustração, Hem atirou-se em sua poltrona favorita e pôs-se a matutar.

E se Haw se perdeu?

E se ele foi ferido ou coisa pior?

Hem se esqueceu de sua raiva e concentrou seus pensamentos no amigo e nas coisas terríveis que poderiam ter acontecido com ele.

Passado um tempinho, outro tipo de dúvida lhe ocorreu. Em vez de "Por que Haw não voltou?", ele começou a se perguntar: "Por que eu não fui com ele?"

Se tivesse ido com Haw, concluiu ele, talvez tudo fosse diferente. Talvez Haw não tivesse se perdido. Talvez nada de ruim tivesse acontecido com ele. Talvez, neste instante, os dois estivessem juntos, comendo Queijo.

Por que não *se mexeu como o Queijo*, exatamente como o amigo fez?

Por que *não* foi com Haw?

Essas dúvidas o corroíam da mesma forma como os camundongos fazem com um pedaço de Queijo.

Enquanto isso, sua fome só aumentava.

Hem se levantou da poltrona e voltou a andar de um lado para o outro. De repente, tropeçou em algo que estava no chão. Ele se abaixou para pegar e, só depois de soprar a poeira, reconheceu o que era.

Um velho cinzel.

Ele se lembrou do dia em que segurou firme aquele cinzel enquanto Haw batia com um martelo, até fazerem um grande buraco na parede da Estação de Queijo Q, na esperança de encontrar um novo Queijo. As lembranças eram tão vívidas que ele quase podia ouvir o som do martelo e do cinzel ecoando pelas paredes.

Pow! Pow! Pow!

Tateou o chão até encontrar o martelo que eles haviam usado e, assim como fez com o cinzel, soprou o pó que cobria a ferramenta. Até aquele instante, Hem não havia se dado conta de quanto tempo se passara desde que ele e Haw saíram juntos para procurar o Queijo.

Sentia saudades do amigo. E estava começando a ficar preocupado. Durante todo esse tempo, ele ainda esperava que mais Queijo aparecesse e que Haw voltasse.

Mas não havia nem Queijo nem sinal de Haw.

Ele *precisava* fazer alguma coisa. Já não dava mais para ficar em casa esperando. Tinha de entrar no Labirinto para procurar Queijo.

Como sair do labirinto / 27

Depois de vasculhar a casa e encontrar seu par de tênis de corrida, Hem os calçou, exatamente como ele e Haw costumavam fazer nas primeiras vezes que saíram à procura de Queijo. Quando foi amarrar os cadarços, recapitulou tudo o que sabia sobre a situação em que se encontrava.

Ele sabia que precisava encontrar mais Queijo. Caso contrário, morreria.

Sabia que o Labirinto era um lugar perigoso, repleto de cantos escuros e becos sem saída, então precisava ser muito cuidadoso.

Por fim compreendeu que levar adiante o plano de encontrar mais Queijo, e sobreviver, dependia apenas dele. Estava por conta própria.

Escreveu tudo isso num pedaço de papel e o enfiou no bolso para que não esquecesse.

A verdade dos fatos

1) Preciso encontrar mais Queijo. Caso contrário, morrerei.

2) O Labirinto é um lugar perigoso, repleto de cantos escuros e becos sem saída.

3) Tudo depende só de mim. Estou por conta própria.

Identificar a verdade dos fatos tranquilizou Hem. Pelo menos ele sabia em que pé estava a situação.

Olhou para o cinzel e para o martelo. Talvez aquelas ferramentas pudessem ajudá-lo em sua jornada para explorar os recantos mais profundos do Labirinto.

Ele pegou as ferramentas e colocou-as numa sacola, que pendurou no ombro.

Armado com a verdade dos fatos, um pesado martelo e um cinzel, Hem se aventura pelo Labirinto.

Pelos dias que se seguiram, Hem perambulou pelos corredores, embrenhando-se cada vez mais no Labirinto. Encontrava os corredores vazios, a não ser por uma ou outra pedrinha. Não havia nenhum sinal de Queijo.

Cada vez que encontrava um novo compartimento, ele enfiava a cabeça lá dentro à procura de Queijo. Todos estavam vazios.

Às vezes, ele se deparava com um canto escuro. Quando isso acontecia, Hem se virava depressa e corria na direção contrária. Estava decidido a não se perder.

De vez em quando, acabava se deparando com um beco sem saída. Então examinava bem o espaço e, ao ter certeza de que não havia nada além de uma parede de tijolos e escuridão, retomava rapidamente seu caminho.

Volta e meia, Hem percebia que Haw havia passado por ali, porque o amigo tinha escrito mensagens na parede do corredor. Havia um Queijo desenhado na parede, e as mensagens estavam gravadas dentro da figura. Mas nada daquilo fazia o menor sentido para Hem.

Porém, de qualquer forma, estava faminto e cansado demais para parar e ler aquilo.

Ainda não havia sinal algum de Queijo.

Enquanto explorava o Labirinto, Hem ainda refletia sobre a dúvida que o corroía por dentro e que não dava um descanso para sua mente.

Por que não foi com Haw?

Para ser honesto, Hem sempre se considerara o mais esperto dos dois. Haw era uma pessoinha legal e uma boa companhia, estava sempre alegre e tinha um ótimo senso de humor. Contudo, estava mais para copiloto do que para piloto. Hem costumava pensar assim.

Agora ele já não tinha mais tanta certeza disso.

— Por que eu *não* fui com Haw quando tive a chance? — murmurou para si mesmo.

Seria por teimosia? Ou foi apenas tolice?

Ou será que ele era uma pessoinha má?

Hem pensava no assunto enquanto caminhava pelos corredores.

— Quem sabe não é um castigo por alguma coisa que eu fiz — disse ele em voz alta.

E quanto mais denegria a própria imagem, mais sua energia ia diminuindo sem que ele percebesse. Ele não tinha nem mesmo consciência dos julgamentos que fazia sobre si, como um pequeno rato em um labirinto.

De repente, teve um pensamento tão horrível que ficou paralisado: "Talvez meu destino seja ficar correndo em círculos pelo Labirinto para sempre."

Hem sentiu bambear as pernas, então se encostou na parede do corredor e foi escorregando até o chão. Bem à sua frente, havia uma das mensagens de Haw:

Hem apenas balançou a cabeça.

— Ah, Haw — murmurou ele. — Onde você estava com a cabeça? Ou o Queijo está lá, ou não está. Isso não tem nada a ver com *convicções*!

Pela primeira vez, ele considerou a hipótese de que Haw tivesse ficado fraco demais para seguir em frente e simplesmente desistiu. De repente, Hem se perguntou se era isso que estava acontecendo com ele naquele momento.

E imediatamente sentiu-se só e com medo.

Nada mais era como costumava ser. Antes, o Labirinto era onde Hem e Haw trabalhavam e tinham uma vida social. Os dois cresceram ali e construíram suas vidas naquele lugar. O Labirinto era o mundo de Hem.

Mas o Labirinto havia mudado.

Agora, parecia que *tudo* era diferente. Haw fora embora. Sniff e Scurry não estavam mais ali, não havia Queijo, e Hem perambulava pelos corredores, cada dia mais fraco. Ele não entendia por que aquilo estava acontecendo.

O Labirinto havia se tornado um lugar escuro e ameaçador.

Ele se deitou no chão e caiu num sono perturbador.

Hem se mexeu e sentiu o pé bater em alguma coisa que estava no chão. Melhor dizendo, em algumas coisas. Sentou-se para ver melhor. Eram pedras arredondadas, do tamanho do seu punho.

Ele pegou uma delas e sentiu a superfície lisa, vermelha, brilhosa. Definitivamente, não era uma pedra. E tinha um cheiro bom.

Na verdade, cheirava tão bem que Hem quis dar uma mordida naquilo.

Rapidamente se assustou com o próprio pensamento! Onde ele estava com a cabeça? Aquilo poderia ser qualquer coisa, menos Queijo.

Poderia ser perigoso.

Hem olhou ao redor e quase deu um pulo.

Havia outra pessoinha sentada bem perto dele, observando-o! Não era Haw, nem nenhum de seus velhos amigos. Era alguém que Hem nunca tinha visto antes.

Ele não sabia se sorria, se dizia olá, ou se ficava com medo.

36 / Spencer Johnson

A pessoinha pegou uma das bolotas vermelhas, que não era uma pedra, e esticou a mão na direção dele. — Pegue! Você parece faminto — disse ela.

— Mas eu não posso comer isso — falou Hem. — Não é Queijo!

— Não é o quê?

— Queijo — repetiu ele. — Isso não é Queijo.

Ela não disse nada, mas parecia confusa.

— Queijo é outra palavra para "comida" — explicou Hem pacientemente. — Todo mundo come Queijo. Até os ratos.

— Ah — disse a outra pessoinha. Eles ficaram em silêncio por alguns instantes. Então ela continuou: — *Eu* não. Nunca vi um "queijo".

Hem não conseguia acreditar naquilo. Uma pessoinha que não comia Queijo? Impossível!

A Estranha ainda segurava a bolota e continuava com o braço esticado em sua direção. Ele olhou para a mão dela e balançou a cabeça.

— Seja o que for, não posso comer — afirmou ele. — Eu só me alimento de Queijo.

Hem tornou a se deitar. Sentia-se sem esperanças. Um momento depois, ele meio que ouviu a Estranha dizer:

— *Aposto que você pode fazer muito mais do que imagina...*

Mas Hem já havia caído no sono de novo.

Quando abriu os olhos, algumas horas depois, sentia uma fome danada, como nunca havia sentido antes. "Hora do jantar!", pensou ele. Mas então despertou para a realidade.

Nada de Queijo. Nada de jantar.

Ele se sentou no chão. A Estranha tinha ido embora, mas as bolotas vermelhas continuavam lá. Ele pegou uma e a cheirou de novo. Sentiu um aroma adocicado.

Antes que tivesse tempo de se dar conta do que estava fazendo, deu uma mordida nela.

Era crocante e também suculenta! Doce... porém ácida! Nunca havia experimentado um Queijo como aquele. Então comeu tudo. Não conseguiu resistir.

Depois se deitou e começou a choramingar.

— O que foi que eu fiz? Eu comi uma pedra! — Ele tinha certeza de que ia morrer.

Então voltou a cair no sono.

E, pela primeira vez em dias, dormiu a noite inteira.

Ao acordar na manhã seguinte, a Estranha estava lá, sentada com os braços em torno dos joelhos, observando-o.

— Você não está morto — afirmou ela.

— Não — disse Hem. — Não estou morto. Estou...

Na verdade, ele se sentia um pouco mais revigorado.

A Estranha estava segurando outra bolota, que Hem aceitou e comeu. Evidentemente não era Queijo, mas era gostosa e, enquanto ele comia, sentiu suas forças voltando aos poucos.

A Estranha ficou conversando com Hem enquanto ele comia a bolota. Ela se chamava Hope e morava ali perto, num lugar chamado Estação de Fruta M.

— Fruta — disse ela. — Essas bolotas são frutas. Ela também falou que aquelas eram chamadas de "maçãs".

Àquela altura, Hem comia sua terceira Maçã.

Hope explicou para Hem que a fruta estava ficando escassa ultimamente e contou que, nos últimos dias, ela vinha explorando diferentes partes do Labirinto em busca de novos alimentos.

— Antes, todos os dias, quando eu acordava, havia mais maçãs — contou ela. — Mas agora há cada vez menos. Na verdade — continuou ela, apontando para a maçã que Hem estava comendo —, essa era a última que eu tinha.

Como sair do labirinto / 39

Hem parou quando estava prestes a dar uma mordida na maçã e olhou para Hope.

— Você está dizendo que as frutas *sumiram*?

Ela fez que sim.

— Simplesmente pararam de aparecer. Não sei por quê — respondeu Hope.

Hem olhou para o pouco que restava da Maçã que estava comendo e se virou para Hope.

— Você me deu sua última Maçã?

Hope deu de ombros.

— Você parecia faminto.

— E estava mesmo. Mas você também não está com fome?

— Um pouco — admitiu ela.

Hem se lembrou de todas as Maçãs que ela lhe dera e percebeu que nunca havia lhe agradecido por isso.

— Obrigado.

— De nada.

Hem balançou a cabeça, maravilhado.

— Comer essas coisas fizeram com que eu me sentisse melhor. Nem consigo acreditar nisso!

Hope deu um sorriso e falou:

— Claro que consegue. Não é assim tão difícil, basta se libertar e tentar.

Hem não entendeu nada. Basta se libertar e tentar o quê? Ele não fazia ideia do que ela estava falando. A única coisa que sabia era que continuava com fome.

Toda aquela conversa sobre comida fez com que Hem se lembrasse do que fora fazer no Labirinto. Agora que ele se sentia um pouco mais forte por ter comido aquela comida nova e esquisita, estava na hora de voltar a procurar Queijo.

Até então, havia falhado nessa missão, e sabia direitinho o porquê.

— Eu não me empenhei o bastante — explicou ele. — Preciso explorar áreas do Labirinto aonde ainda não fui.

Hope deu de ombros.

— Eu vou também, se você não se importar.

(Hope não fazia ideia de como os dois conseguiriam sair dessa enrascada, mas não tinha dúvidas de que iriam conseguir.)

Apesar de relutante, Hem concordou. Não faria mal nenhum ter companhia. Ao se levantar, viu novamente a mensagem esquisita que seu amigo Haw havia escrito na parede:

Como sair do labirinto / **43**

— Talvez não — disse ele, referindo-se à mensagem na parede. — Mas vou dizer a você o que *realmente* leva ao Novo Queijo: empenhar-se mais!

Então, ao dizer isso, pendurou a sacola de ferramentas no ombro, e os dois seguiram apressados pelos corredores, espiando dentro dos compartimentos e tomando o cuidado para evitar cantos escuros e becos sem saída.

Todos os compartimentos que encontravam estavam vazios, mas Hem estava decidido a não desistir.

Enquanto caminhavam, Hem contou a Hope como havia sido sua vida. Lembrou que ele, Haw e os amigos Sniff e Scurry saíam para procurar Queijo todos os dias, e como a oferta costumava ser abundante e fácil. Havia Queijo à disposição. Tudo que precisavam fazer era procurar nos corredores mais próximos, e lá estava o Queijo.

— Tempos menos complicados — comentou ele. E depois ficou quieto enquanto caminhavam.

44 / Spencer Johnson

Agora os tempos eram outros. Hem já não era a mesma pessoinha de antes. Ele costumava ser forte e orgulhoso, admirado e respeitado por ser bastante seguro de si.

Mas o sumiço do Queijo havia provocado uma reviravolta. E os acontecimentos estavam cobrando seu preço. Ele já não era nem tão forte nem tão orgulhoso.

Ao refletir sobre tudo isso, Hem se deu conta de que já não se sentia mais tão seguro de si como antes. Podia notar que sua costumeira autoconfiança havia sido abalada

Aquilo era algo novo para ele.

Na verdade, nunca havia prestado atenção aos próprios pensamentos, nem feito uma pausa para analisar seu olhar em relação ao mundo.

Para Hem, ele via o mundo do jeito que realmente era.

Como sair do labirinto / 45

Ao caminharem pelos corredores, os dois encontraram alguns pedacinhos de Queijo aqui e ali, apenas o suficiente para beliscar e enganar a fome.

Hope também experimentou alguns bocados de Queijo e gostou muito.

Vez ou outra, encontravam uma Maçã perdida no chão e a dividiam entre si.

E foi desse jeito, ora com uns bocados de Queijo, ora com uma ocasional Maçã, que conseguiram retornar ao ponto de partida, onde descansariam para retomar as buscas no dia seguinte.

A cada dia, ao saírem, Hem percebia que tinha menos energia do que no dia anterior.

Ao retornarem ao lugar de partida, horas depois de uma busca infrutífera, Hem largava o saco de ferramentas encostado na parede do corredor e ia escorregando o corpo até o chão, sentindo-se ainda mais exausto.

Certo dia, quando voltaram, Hem estava se sentindo tão desanimado que não sabia se iria aguentar aquela rotina por muito mais tempo. Ele só pensava no peso que era sua sacola de ferramentas.

— Isso deve pesar muito — comentou Hope.

— Nem tanto — falou Hem. Ele não queria admitir o quanto era pesada nem que se sentia cansado.

— Por que você leva essas ferramentas todos os dias? — perguntou ela.

— Para que a gente possa fazer buracos na parede — respondeu Hem. Ele explicou que, caso encontrassem a parede certa, pediria à Hope que segurasse o cinzel do jeito que ele costumava fazer, e daria umas marteladas exatamente como Haw fazia.

— Ah! — disse Hope. Então continuou: — E isso algum dia funcionou para vocês?

— Claro que sim — respondeu ele, ao mesmo tempo pensando que ela fazia perguntas *demais*. — Esse é o melhor cinzel que o dinheiro pode comprar!

— Não, o que eu quis dizer foi: fazer buracos na parede ajuda a encontrar mais queijo?

Hem não respondeu. Sentiu-se ofendido. Aquelas ferramentas eram ótimas! Ele colocou a sacola no chão com um grande *pow!* e sentou-se com as costas para a parede.

Hem sentia falta de Haw. E não gostava nada de estar no Labirinto, tão longe de casa. Queria que as coisas voltassem a ser como antes.

— Você sente falta do seu amigo — constatou Hope.

Que coisa irritante! Ela sempre parecia saber o que ele estava pensando.

Hem deu de ombros.

— Eu só queria que as coisas voltassem a ser como antes.

Hope sentou-se ao lado dele e também recostou-se contra a parede.

— Eu sei. Só não tenho certeza de que é assim que as coisas funcionam.

— Como assim? — perguntou Hem em tom ríspido. Ele estava ficando ligeiramente irritado.

— Acho que as coisas não *voltam* a ser como antes — respondeu Hope. — Mas tenho a impressão de que elas podem ser *melhores* do que antes.

Hem não conseguia ver como isso era possível.

— Nosso plano de *empenhar-se mais* não está dando em nada — disse Hope baixinho. Hem não respondeu. Sentia-se muito triste. — E se tentássemos outra estratégia? — sugeriu ela.

Hem se virou e viu que Hope estava olhando para a mensagem de Haw que dizia: *"Velhas convicções não levam você a um Novo Queijo."*

— E se a gente experimentasse uma nova convicção? — propôs Hope.

Hem balançou a cabeça.

— Não existe isso de *experimentar* uma convicção. Nossas convicções estão simplesmente... lá!

Hope se virou para Hem e inclinou a cabeça.

— Mas... e se você resolver mudar uma convicção?

— Não é assim que funciona — explicou ele. — Além do mais, estou certo das minhas convicções! Se elas mudarem, então quem eu seria? Já não seria o Hem!

Ele não queria mudar nem abrir mão de suas convicções porque achava que eram elas que faziam com que ele fosse a pessoinha que era.

— Aposto que você vai mudar de opinião — disse ela baixinho.

— E por que eu faria isso? — Agora Hem estava ficando irritado. — Estou certo sobre as minhas opiniões!

Hope deu de ombros mais uma vez.

— Eu também. Mas ainda assim não encontramos queijo nenhum.

Hem não tinha uma resposta para ela.

Os dois ficaram em silêncio por um minuto, até que Hope se levantou e disse:

— Boa noite, Hem. Tenha bons sonhos. A gente se vê de manhã.

Hem recostou-se contra a parede, com a cara amarrada. Ficou pensando no que Hope havia dito sobre o martelo e o cinzel.

Claro que fazer buracos nas paredes não estava dando em nada. Mas ele já não sabia disso? Então por que *continuava* carregando aquelas ferramentas velhas?

Porque não sabia mais o que fazer. Era por isso.

Eles nunca encontrariam Queijo. Ele nunca reencontraria seu amigo Haw. Morreria ali, naquele corredor, com sua sacola de ferramentas inútil.

Hem deu um longo e profundo suspiro e então fez a si mesmo a pergunta que o estava incomodando desde que iniciou sua busca:

Por que eu não fui com Haw?

Então Hem começou a chorar.

Não demorou muito, adormeceu.

Como sair do labirinto / **51**

Naquela noite, Hem sonhou.

No sonho, viu-se de volta à sua casa perto da Estação de Queijo Q, andando de um lado para o outro, nervoso e soltando fumaça pelas ventas. Havia algo diferente. Mas o quê?

Então viu o que era. Grades nas janelas! Parecia que ele estava em uma prisão. Olhando para si mesmo através das grades, percebeu como era infeliz. Ainda dormindo, chorou mais um pouco.

Hem acordou no meio da noite pensando no sonho. Sentia-se confuso. Por que ele estava daquele jeito? Preso na própria casa, sentindo falta do amigo e, no entanto, se recusando a ir com ele?

Hem permaneceu horas acordado, deitado de barriga para cima, matutando sobre isso. Ele refletiu sobre o sonho até o dia amanhecer.

Com os primeiros raios da manhã, conseguiu ler a mensagem de Haw na parede, aquela que falava sobre velhas convicções e Novo Queijo.

— Quem sabe Haw estava certo? — disse para si. (Ouvir a própria voz ajudava-o a clarear os pensamentos, sobretudo aqueles mais complicados, como os que ocupavam sua mente naquele momento.)

Ele se lembrou do dia em que Haw partiu, o que já fazia um bom tempo. Haw havia tentado conversar com Hem sobre o que ele achava que os dois deveriam fazer, mas Hem se recusara a escutar.

— Eu tinha certeza de que estava certo e que Haw estava errado — falou ele. — Mas posso ter me enganado. Não confiei em Haw, e sim em minhas próprias convicções.

Subitamente, Hem se empertigou.

Velhas convicções. É disso que se trata a mensagem de Haw. Mas Hem nunca havia parado para pensar o que era uma "convicção".

Agora ele achava que sabia o que era.

Apoiou as mãos no chão para se levantar, pegou uma pedra afiada e escreveu o pensamento que lhe ocorrera bem ao lado da mensagem deixada por Haw. Quando acabou de escrever, desenhou uma das Maçãs de Hope em torno dela para que ele se lembrasse de que aquele registro era dele, e não o de Haw.

Uma convicção era isso. Um pensamento. Mas veja como isso tem poder!

Por que ele não foi com Haw procurar o Novo Queijo? Porque Haw via as coisas de uma forma diferente e Hem não conseguia enxergar o que Haw via. Foram seus próprios pensamentos que o mantiveram na Estação de Queijo Q, porque Haw acreditava que tudo o que pensava era verdade.

Ele acreditou que, se ficasse lá esperando e se continuasse firme em suas opiniões, as coisas voltariam a ser como antes.

Ele achava que Haw havia se aventurado em uma jornada louca, e que ele, Hem, era quem sabia das coisas.

Suas convicções o mantinham preso à sua própria maneira de ver a realidade. Por *isso* ele não foi com Haw.

De repente, entendeu o significado do sonho. As grades nas janelas eram seus antigos pensamentos — pensamentos que ele acreditava serem verdade, mas que o impediram de se aventurar pelo Labirinto.

Suas convicções o mantinham prisioneiro!

Ele escreveu outra mensagem na parede e um novo desenho de uma Maçã em volta dela.

Viu a si mesmo andando para lá e para cá em sua casa, na Estação de Queijo Q, certo de que, se simplesmente ficasse esperando, o Queijo iria reaparecer, e tudo voltaria a ser como antes.

Esse era outro pensamento no qual ele se agarrava, não é mesmo? Outra convicção que o mantinha prisioneiro!

Então quer dizer que *todas* as convicções fazem isso?

Recordou-se do dia em que acordou e viu Hope pela primeira vez, com a mão esticada em sua direção, oferecendo-lhe uma Maçã. A princípio, ficou com medo de experimentar, mas acabou comendo a Maçã mesmo assim. Ele havia confiado nela. E ela lhe dera sua última Maçã! Hope era uma boa amiga.

Hem concluiu que *aquela* era uma convicção que lhe servia muito bem.

Escreveu outra mensagem na parede:

Lembrou-se da pergunta de Hope: "E se a gente experimentasse uma nova convicção?"

E o que ele havia respondido? "Não existe isso de *experimentar* uma convicção. Não é assim que funciona!"

Talvez Hope estivesse certa. Talvez fosse possível, sim, mudar uma velha convicção e levar uma nova em consideração.

Hem tentou se lembrar de outra velha convicção, mas nada lhe ocorreu naquele momento. Aquilo tudo ainda era novidade para ele, então não sabia ao certo o que pensar.

Ele leu o que havia acabado de escrever dentro do desenho de uma Maçã. Lembrou-se da primeira vez que Hope lhe ofereceu uma fruta e de como havia reagido: "Seja o que for, não posso comer. Eu só me alimento de Queijo."

Era assim que Hem pensava, e tinha muita convicção daquilo, mas acabou descobrindo que não era verdade! Porque ele comeu a Maçã e se sentiu melhor. Então Queijo *não* era o único alimento que ele podia comer.

Agora pensava de forma bem diferente.

E o que Hope disse mesmo? "Aposto que você vai mudar de opinião." E ela tinha razão. Foi isso que aconteceu!

Sem perder nem um minuto, escreveu outra coisa na parede:

Ele se sentiu energizado, o que o surpreendeu.

Hem costumava não gostar quando alguém questionava suas convicções. Recusava-se a mudar de opinião e ainda ficava ofendido quando alguém sugeria que o que ele estava pensando ou dizendo poderia não ser verdade.

Mas, naquele instante, em vez de se sentir mal por saber que estava errado, ficou empolgado com sua descoberta.

Compreendeu que, antes, se recusava a mudar de opinião por se sentir ameaçado. Não queria pensar de outra forma porque estava *à vontade* com suas convicções. E acreditara que elas faziam com que ele fosse exatamente quem era.

Mas agora podia ver que não era bem assim. Podia pensar de outra forma. Podia ter outras convicções, diferentes daquelas às quais ele se agarrava.

E continuaria sendo o mesmo Hem!

— Então aqui está a verdadeira pergunta... — disse ele, andando de um lado para o outro enquanto pensava em voz alta. — Agora que sei o que uma convicção é, o poder que ela tem e entendi também que é fácil escolher uma *nova* convicção... o que devo *fazer*?

Hem de repente parou.

A resposta era óbvia. Deveria usar esses novos conhecimentos para ajudá-lo a completar sua missão. Ele deveria sair para procurar mais Queijo e Maçãs.

O problema é que eles já haviam tentado de tudo. Tinham vasculhado todos os cantos. Não havia mais Maçã nem mais Queijo em lugar nenhum. Estavam sem opção.

Aquela missão era impossível. Assim sendo, não adiantava mais tentar.

Mas... e se esse "impossível" não fosse só mais uma convicção? Será que ele conseguiria transformá-lo em possível?

Sentiu um calafrio percorrer seu corpo.

— Espere aí! — disse Hem para si. — É preciso ser racional.

Esse negócio de convicção já está indo longe demais. Afinal, há limites. Certo?

Hem parou por um momento, então respirou fundo, deu um forte e prolongado suspiro e sentiu que começava a mudar!

Olhou para a pedra afiada em sua mão e escreveu mais uma mensagem na parede:

Quando Hope apareceu, algumas horas depois do amanhecer, encontrou Hem sentado, polindo seus tênis de corrida e cantarolando baixinho.

Ela mal reconheceu o novo Hem! Quando Hope foi embora, no dia anterior, ele estava abatido, mal-humorado e se sentindo um derrotado. Agora, via um vigor que nunca antes notara nele.

Ela viu uma série de novas mensagens na parede, todas contornadas pelo desenho de uma maçã.

— Ora, ora — disse ela. — Você virou uma pessoinha muito ocupada.

Ele assentiu.

— Isso aí.

— O que aconteceu?

Hem olhou para Hope e respondeu:

— Mudei de opinião.

— Que ótimo — falou ela e tornou a ler as mensagens antes de se virar para ele. — Mudou de opinião sobre o quê?

Hem deixou o par de tênis no chão e se levantou devagar. (Ele ainda estava meio travado e um pouco dolorido por ter carregado a pesada sacola de ferramentas de um lado para o outro.)

— Isso eu ainda não descobri — respondeu ele.

Hem sabia que o que vinha fazendo antes não estava funcionando. Precisava partir para algo bem diferente. E isso significava que precisava ver as coisas de uma forma completamente nova. Precisava mudar sua maneira de pensar e ter uma nova convicção.

Mas qual, exatamente? Isso ele não sabia.

Hope se aproximou e se sentou perto dele.

— Posso fazer uma pergunta? (Ela podia ver que Hem estava perdido em pensamentos e que provavelmente não queria ser perturbado, mas ele precisava ouvir o que ela tinha para dizer.) — Você falou que o seu Queijo simplesmente parou de aparecer? Exatamente como as minhas maçãs?

— Correto — respondeu Hem.

— Fiquei pensando numa coisa: antes, quando o seu queijo ainda aparecia fresquinho todos os dias, de onde ele vinha?

Hem começou a ficar irritado de novo. Hope fazia tantas perguntas! E que importância tinha saber de onde o Queijo vinha? Agora já era.

De repente, Hem congelou.

Ele encarou Hope e pensou sobre a pergunta que ela havia acabado de fazer.

De *onde* vinha o Queijo?

Será que alguma vez ele tinha se perguntado isso? E quanto ao Haw? Será que um dia ele se questionou a mesma coisa? Hem vasculhou suas lembranças dos momentos que passaram juntos procurando Queijo, encontrando Queijo, saboreando Queijo. Será que alguma vez levantaram essa questão?

Não! Tinha certeza disso.

Hem sentiu o coração acelerar. Sem saber por que, pressentiu que se tratava de algo importante.

Ele se virou para Hope. Não havia mais qualquer resquício de irritação em seu semblante.

— De onde... vinha... o Queijo? — repetiu ele pausadamente. — Sabe de uma coisa? Acho que essa pode ser uma *ótima* pergunta.

Os olhinhos de Hope brilharam.

— E isso significa que você tem a resposta?

— Bem... não. Mas ainda assim parece uma ótima pergunta. Se ficarmos repetindo isso, quem sabe também não encontramos uma ótima resposta?

Como sair do labirinto / *69*

Os dois ficaram quietos por alguns instantes.
Então Hope olhou para Hem e disse:
— *Eu me pergunto o que existe do lado de fora do Labirinto.*

Hem olhou fixamente para Hope.

— O que existe do lado de fora do *Labirinto*? — repetiu ele, balançando a cabeça, sem acreditar no que acabara de ouvir. — Não há *nada* do lado de fora do Labirinto.

Que ideia! Fora do Labirinto? Aquilo não fazia o menor sentido. O Labirinto era tudo o que havia. Não existia isso de "do lado de fora".

— Ah! — exclamou Hope. De repente ela olhou para Hem e perguntou: — Tem certeza?

— Claro que tenho!

Eles se entreolharam e, ao mesmo tempo, disseram as seguintes palavras:

Se você tem confiança em um pensamento, ele se torna verdade!

Outra convicção! E Hem suspeitou de que essa talvez fosse do tipo que limita o progresso, em vez de encorajar o avanço.

Será que ele conseguiria mudar de opinião quanto a essa também?

Hem fechou os olhos e tentou imaginar um lugar fora do Labirinto. Tudo o que conseguia ver, porém, era o próprio Labirinto, do jeito que sempre o conhecera.

Ele abriu os olhos novamente e balançou a cabeça.

— Não deu certo. Não consigo ver. — Ele se virou para Hope. — Só vejo o que está *dentro* do Labirinto. Não visualizo nada fora dele.

Afinal de contas, o Labirinto era tudo o que Hem conhecia. Estivera confinado ali durante sua vida inteira.

Hope se virou para ele com ar pensativo e então disse:

— E se você apenas acreditasse, antes de mais nada? Talvez aí conseguisse ver.

"Isso é... *Isso é uma maluquice!*", era o que Hem estava prestes a responder. Mas, em vez disso, falou algo bem diferente: — Isso é... uma ótima ideia.

Se realmente não havia limites para as suas convicções, por que não tentar? Ele fechou os olhos e começou a pensar:

Existe algo fantástico do lado de fora do Labirinto.

Hem respirou fundo e sentiu quando um novo pensamento surgiu em sua mente, e então percebeu que acreditava naquilo.

Ele abriu os olhos e escreveu outra coisa:

Ele olhou para Hope e falou:

— *Vamos descobrir o que há do lado de fora do Labirinto.*

Ela sorriu para ele e disse:

— Acho ótimo. Quem sabe não descobrimos de onde vem o Queijo?

Ele assentiu, empolgado com a possibilidade.

— E de onde vêm as suas Maçãs!

Hope ficou de pé.

— Estou dentro. E como vamos fazer isso?

— Não faço a menor ideia.

E não fazia mesmo. Onde deveriam procurar? Ele nem sequer conseguia imaginar. Os dois já haviam vasculhado *todos* os lugares.

Hem se lembrou das vezes em que ele e Haw saíam à procura de Queijo. Eles sempre evitavam os cantos escuros e os becos sem saída. Hem contou isso para Hope e esperou para ver se ela faria outra ótima pergunta.

E é claro que ela fez.

Ela questionou:

— E se aqueles cantos escuros não forem totalmente escuros?

— Como assim? Afinal, é por isso que são chamados de cantos *escuros*!

Hope estendeu a mão e pegou uma vela grossa de um candelabro na parede.

— Não se levássemos uma vela.

Como sair do labirinto / 75

Hem já havia se levantado e seguia pelo corredor quando notou que Hope não se mexera. Ela estava olhando para o chão, para a sacola de ferramentas.

— Você não vai levar nem o martelo nem o cinzel?

Hem olhou para as ferramentas e balançou a cabeça devagar.

— Acho que não.

— Que bom — disse Hope com um sorriso. — Acho que não adianta nada embarcarmos em uma nova missão com bagagem velha.

Eles voltaram para os corredores que haviam explorado inúmeras vezes, só que, agora, estavam à procura dos cantos escuros, e não tentando evitá-los. Era uma sensação estranha para Hem procurar exatamente o que sempre tentara evitar, mas ele chegou à conclusão de que esse estranhamento provavelmente fazia parte do processo.

Não demorou muito, chegaram a um canto terrivelmente escuro, e pararam.

Os dois caminharam para a escuridão, e Hope levantou a vela para iluminar o local.

Hem sentiu o coração gelar. A luz da vela foi o suficiente para revelar que a escuridão dava numa parede de tijolos.

76 / Spencer Johnson

— Outro beco sem saída — disse ele.

Hope estava pensativa.

— É... também estou achando que vai ser — falou ela. — Mas e se esse não for um pensamento no qual devemos confiar? Afinal, vimos que nem todos os cantos escuros são escuros. Então talvez nem todos os becos sem saída sejam realmente sem saída.

Como sair do labirinto / 77

Hem simpatizou de cara com aquele pensamento. Resolveu tentar agarrar-se a ele e confiar nele o bastante para que se tornasse uma convicção.

Ele fechou os olhos e tentou usar sua imaginação mais uma vez. Por um longo instante, nada aconteceu... então, quando estava prestes a desistir, viu de relance algo cintilando ao fundo de seus pensamentos: como se ele estivesse vendo uma espécie de luz ou talvez a *possibilidade* de uma luz. Sentiu o coração dar um salto.

Então abriu os olhos e encarou Hope.

— Vamos tentar — disse ele.

Os dois entraram no beco devagar. Estavam nervosos. Hem não parava de pensar que o Labirinto era um lugar perigoso. Sabia disso desde menino. *O Labirinto é um lugar perigoso...* aquele pensamento não saía de sua mente.

Mas... e se *aquele* fosse um pensamento em que ele não deveria acreditar?

Hem parou de repente, então Hope parou também, para ver o que ele iria falar.

— Você não precisa acreditar em algo — murmurou ele — só porque pensou naquilo.

Hope não disse nada. Ela compreendia o que se passava na mente dele.

Ambos então voltaram a caminhar. E, como era de se esperar, ao chegarem mais perto, Hem notou que realmente havia uma pequena chama no finalzinho do beco. Era a luz da vela refletida na janelinha de uma porta!

Eles abriram a porta e entraram numa pequena câmara, muito parecida com alguns compartimentos que haviam explorado. Sob a fraca luz da vela de Hope, olharam ao redor do cubículo parcamente iluminado. Quatro cantos. Quatro paredes. Nada mais.

Totalmente vazio.

Desapontado, Hem se virou para sair. Hope ficou onde estava, olhando para ele, como se esperasse Hem dizer alguma coisa.

— O que foi? — perguntou ele. — Está vazio.

— É o que parece — respondeu ela e esperou mais um pouco.

Então, Hem parou para pensar naquela afirmação e se perguntou: se nem todos os cantos escuros são escuros, e se nem todos os becos sem saída são realmente sem saída, então seria possível que nem todos os compartimentos vazios estivessem mesmo vazios?

— Pensando bem — continuou ele —, vamos olhar melhor?

Hope sorriu, pegou a mão dele e disse:

— Vamos!

Eles passaram pela primeira parede, fizeram uma curva e caminharam ao longo da segunda parede; fizeram outra curva, andaram até a metade da terceira parede e pararam.

— Está sentindo? — sussurrou Hem.

— Estou — respondeu ela.

Hem sentiu uma brisa fresca em suas pernas, então se abaixou e inalou um cheiro incrivelmente fresco.

Os dois se ajoelharam e acabaram encontrando a boca de um túnel, do tamanho exato para que uma pessoinha pudesse atravessá-lo.

Hem fitou Hope e fez um gesto galante ao dizer.

— *Você primeiro.*

82 / Spencer Johnson

Hope entrou no túnel engatinhando, seguida por Hem.

Com Hope na dianteira, eles engatinharam e foram rastejando até que viram uma luz no fim do túnel.

A luz foi ficando mais e mais forte... e então, de repente...

Como sair do labirinto / 83

Quando saíram do outro lado, Hope e Hem deram de cara com uma luz tão forte, que, inicialmente, foram ofuscados pela intensa claridade. Então ficaram em pé, ainda piscando, e inalaram o ar limpo e fresco.

Conforme os olhos iam se acostumando à luminosidade, os dois olharam ao redor e viram que estavam em um estonteante campo verdejante, onde soprava uma brisa suave e refrescante.

Nunca na vida Hem tinha visto ou sentido nada parecido. Ele olhou para cima, para o teto, se é que era assim que se chamava aquilo. Era tão azul, e tão alto! E havia uma incrível luz dourada lá em cima, mais brilhante e mais quente do que qualquer outra luz que ele jamais vira, e forte demais para olhar diretamente em sua direção.

Hem estava sem palavras. Respirou fundo, enfiou as mãos nos bolsos, fechou os olhos e virou o rosto para o alto, para sentir o calor.

Seus dedos tocaram alguma coisa no bolso. Ele puxou as mãos e espiou. Era um pedaço de papel. No cabeçalho estava escrito: "A verdade dos fatos."

Ele começou a ler.

E depois começou a rir.

Hope deu um risinho, meio intrigada. Ela, que nunca tinha visto Hem nem sequer sorrindo, não conseguia acreditar que ele estava rindo.

— O que foi? O que diz aí?

Hem mostrou o pedaço de papel a Hope.

— Diz o seguinte: preciso encontrar mais Queijo. Caso contrário, morrerei. — Ele olhou para Hope. — Mas, em vez de Queijo, achei Maçãs, que comi. E eu não morri.

Ela olhou para ele.

— É... você não morreu. Eu sabia que você não ia morrer.

— Diz também que o Labirinto é um lugar perigoso, repleto de cantos escuros e becos sem saída.

— E foi um canto escuro que levou a um beco sem saída que nos trouxe até aqui — falou Hope.

— E a última coisa — acrescentou Hem. — Tudo depende só de mim. Estou por conta própria.

Hope sorriu.

— Bem, *essa* aí não é mesmo verdade, você não acha? — Ela lhe ofereceu um pedacinho de queijo que havia acabado de encontrar.

Ele lhe agradeceu e deu uma mordida no queijo.

— Concordo — disse ele. — Essa não é verdade.

Enquanto exploravam o mundo recém-descoberto, do lado de fora do Labirinto, encontraram Maçãs e Queijo em abundância.

Experimentaram comer Maçãs com Queijo. Uma delícia.

E tudo era tão brilhante! Eles nunca haviam se dado conta de como era sombrio e mal-iluminado dentro do Labirinto.

Hem percebeu que sair do Labirinto era como sair da prisão de suas velhas convicções.

Talvez o Labirinto fosse isso mesmo.

Uma coisa era certa: o ar ali tinha um aroma *muito mais* doce!

Hem olhou novamente para o pedacinho de papel.

— *A verdade dos fatos* — disse ele e caiu na gargalhada.

— Naquela época, eles *pareciam* ser mesmo fatos.

Hope fez que sim com a cabeça:

— Mas não eram.

— Verdade — concordou Hem. — Nem um único deles.

Ele virou o papel no qual havia listado a verdade dos fatos e fez um resumo do que havia descoberto nos últimos dias.

COMO SAIR DO LABIRINTO

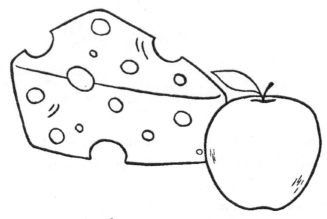

Analise suas convicções
Uma convicção é um pensamento que você
aceita como verdade.

Não acredite em tudo o que passa pela sua cabeça
Às vezes, os "fatos" são apenas um modo
de ver as coisas.

Abra mão daquilo que não está funcionando
Não faz sentido sair em uma nova missão
com bagagem velha.

Olhe para fora do Labirinto
Considere o improvável — Explore o impossível.

Escolha uma nova convicção
Mudar de opinião não muda quem você é.

Não há limites para as suas convicções.
Você pode fazer, experimentar e curtir
muito mais do que acha que é capaz.

Sentados na grama, curtindo o sol e a brisa fresca, Hem voltou a pensar em Haw. Ele estaria aproveitando muito mais tudo aquilo se o amigo estivesse ali.

— Você está pensando no Haw — afirmou Hope.

Hem assentiu. Como sempre, ela conseguia ler seus pensamentos. Ele se perguntava como Hope conseguia fazer isso.

— Precisamos encontrá-lo — disse ela. — E os seus amigos Sniff e Scurry também.

Hem fitou-a e assentiu mais uma vez.

— Era justamente nisso que eu estava pensando.

— Certo — disse Hope com um sorriso. — Então vamos.

Eles se levantaram, e Hope novamente pegou a mão de Hem, quando, de repente...

— Hem! HEM!

Surpreso ao ouvir chamarem seu nome naquele lugar desconhecido, Hem se virou e viu uma pessoinha correndo em sua direção.

Era Haw!

— Você está aqui! — gritou Haw ao abraçar o amigo e dar uns tapinhas nas costas dele.

— Você também! — disse Hem, olhando ao redor. — E o Sniff e o Scurry?

Haw achou graça.

— Ah... você sabe como eles são... foram os primeiros a sair! Mas e você, Hem? Fiquei preocupado. Achei que você *nunca* fosse encontrar a saída do Labirinto.

— Foi por pouco — reconheceu Hem. — Pensei que estivesse preso lá dentro. Cheguei a pensar que ia morrer — suspirou ele. — Eu estava errado, mas não conseguia enxergar isso. Não queria me desapegar das minhas velhas convicções.

— E então, o que aconteceu? — indagou Haw.

Hem refletiu por um instante.

— Primeiro fiquei com raiva. Depois, com muita fome. Então conheci a Hope. — Ele se virou para Hope e sorriu. — Hope, esse é ...

— Prazer em conhecê-lo, Haw — disse Hope ao apertarem as mãos.

— Encantado! — Haw sorriu e fez uma leve mesura, então perguntou a Hem: — E depois que você conheceu a Hope?

Como sair do labirinto / **89**

— Aí mudei de opinião!

Haw deu um sorriso caloroso e abraçou Hem mais uma vez.

— Senti sua falta, amigo. Estou tão feliz por você ter encontrado a saída do Labirinto. E mais feliz ainda por você ter descoberto como mudar suas convicções.

— As convicções são mesmo poderosas, não são? — perguntou Hem.

Os três ficaram em silêncio, pensando no quão impressionante era o poder que as convicções tinham de limitar o seu progresso ou de encorajar você a avançar — e a maravilhosa constatação de que você pode mudá-las e continuar sendo a mesma pessoa.

Um pensamento surgiu na mente de Hem.

— Espere um segundo! — Ele remexeu no bolso e tirou dele uma Maçã que havia guardado e a ofereceu a Haw. — Já experimentou alguma dessas?

Haw assentiu, todo feliz.

— Maçãs — disse ele. — Adoro.

— *E são deliciosas com Queijo!* — disseram os dois amigos ao mesmo tempo.

Hope inclinou a cabeça.

— Sabem de uma coisa?

Os dois se viraram para ela.

— Aposto que há vários tipos de coisas deliciosas para comer aqui — observou ela. — Coisas que nunca sequer imaginamos que pudessem existir.

Hem e Haw trocaram olhares.

Seria possível?

Claro que sim!

Então os três partiram para explorar outros lugares.

Fim...

Ou seria um novo começo?

Um debate

Ao terminar a história, Dennis ficou quieto e passou os olhos pela sala. Todos estavam bastante concentrados. Resolveu dar um tempo.

— Uau — disse Alex.

Dennis se virou para ele e sorriu.

— Uau?

— Que bom que ele conseguiu — disse Alex. — Hem escapou do Labirinto.

— Igualzinho a Andy Dufresne em *Um sonho de liberdade* — falou Ben. O restante do grupo achou graça. Àquela altura, Ben já havia conquistado a fama de ser o brincalhão da turma.

— Tive um chefe que não teve tanta sorte — contou Brooke.

— Sério? — quis saber Dennis. — O que aconteceu?

— Assim que saí da faculdade de jornalismo, fui trabalhar em um jornal. Ninguém conseguia convencer o editor de que precisávamos entrar no mundo digital. Na concepção dele, os anúncios impressos continuariam pagando as contas, mesmo nossos clientes começando a anunciar na internet. Ele também insistia na ideia de que a circulação em papel voltaria a ganhar força em breve, mesmo que cada vez mais leitores estivessem nos deixando para ler as notícias em formato digital. Um ano depois, o jornal fechou as portas.

— Ele nunca encontrou a saída do Labirinto — sussurrou Alex.

— Convicções são muito poderosas — afirmou Dennis. — Uma única e firme convicção pode desmantelar por completo uma empresa. As pessoas acham que as coisas devem continuar sendo exatamente como sempre foram. Mas elas nunca são.

— Sabe o que Mark Twain disse? — indagou Ben. — Não é o que você não conhece que vai te colocar em apuros. É o que você tem certeza de que *não* vai.

A turma caiu na gargalhada mais uma vez.

Dennis sorriu e falou:

— Twain estava certo, como sempre, e aqui vai um exemplo: quando o *Titanic* fez sua viagem inaugural em 1912, as pessoas descreviam o navio com uma única palavra.

— Inafundável! — disse Brooke.

— Exatamente. *Inafundável*. Era o que todos acreditavam. E, por esse motivo, não se deram ao trabalho de levar um número suficiente de barcos salva-vidas a bordo.

— E mais de 1.500 pessoas morreram — complementou Brooke.

— E tudo por causa de um pensamento que todos acreditavam ser verdade — acrescentou Mia.

— A *verdade dos fatos* — disse Alex baixinho.

Todos ficaram em silêncio por um instante.

— Puxa vida — comentou Ben.

— Estou começando a ter a sensação de que *todas* as convicções são ruins — confessou Mia. — Pontos de vista limitados que só servem para nos trazer problemas. Mas isso não pode ser verdade. O que quero dizer é que até mesmo o Hem descobriu algumas convicções que lhe ajudaram. Certo?

— Certíssimo — disse Dennis. — Todas as convicções merecem ser *analisadas*. O segredo é prestar atenção nelas e testá-las, e não necessariamente *descartá-las*.

— Algumas delas simplesmente se põe em nosso caminho e nos impedem de dar o melhor de nós mesmos. Inclusive nos jogam uns contra os outros. Mas algumas convicções são verdades poderosas, centelhas de inspiração que nos ajudam a seguir em frente mesmo nas horas mais difíceis.

— Como o aforismo de que todas as pessoas são iguais — sugeriu Ben. — Tendo recebido do Criador os direitos inalienáveis à vida, à liberdade e à busca pela felicidade.

— Ou como a convicção de Hem de que Hope era uma boa amiga — sugeriu Brooke.

— Ou confiar nos nossos filhos — acrescentou Mia.

— Ou em nós mesmos — disse Dennis. — Acreditando na ideia de que nós fomos colocados aqui por uma razão, que temos algo muito especial e único para oferecer ao mundo. Por exemplo: Mia, por que você se formou em medicina?

— Para ajudar a aliviar o sofrimento das pessoas — respondeu ela sem pensar duas vezes.

Dennis se virou para o grupo.

— Vocês podem ver que o que a Mia acabou de dizer não é apenas um pensamento que ela acredita ser verdade. O desejo de curar? Essa é a *essência dela* vindo à tona. Como a paixão da Brooke pela verdade e excelência da palavra escrita. Esses são valores fundamentais, coisas que simplesmente *são* verdadeiras e nunca vão mudar.

— Pelo amor de Deus! Mas todo o restante muda! — interveio Ben.

— O que também é verdade — concordou Dennis, sorrindo. — E foi aí que Hem empacou. As circunstâncias mudam. O mundo se transforma. E as coisas que podem ter sido verdades ontem, de repente hoje não são mais.

— A empresa Blockbuster estava *convencida* de que todos nós iríamos assistir a filmes em fitas de vídeo para sempre. Já a Polaroid tinha *absoluta certeza* de que as pessoas sempre teriam suas fotos reveladas em pequenos quadrados de papel. Assim como as livrarias no começo dos anos noventa *tinham como certo* que uma livraria on-line jamais chegaria a concorrer com elas. — Todas elas planejaram seus respectivos futuros com base em convicções que, no fim das contas, se provaram não verdadeiras. E foi isso que as fez afundar.

— Igual ao *Titanic* — acrescentou Ben.

— Igual ao *Titanic* — concordou Dennis.

Ele passou os olhos pela sala e notou que o jovem calado na última fileira estava com a testa franzida.

— Tim? — chamou ele. — Gostaria compartilhar algo com a turma?

Todos os olhares se voltaram para Tim, que havia tido uma participação importante na semana anterior, quando indagou "E o que dizer sobre Hem?"

— Acho que sim — disse Tim. — Na verdade, está tudo bem na minha vida profissional. É uma questão de cunho pessoal...

Dennis falou calmamente:

— Se você se sentir à vontade...

96 / *Spencer Johnson*

— Claro. Bem, no início do ano, fiquei sabendo que os meus pais estavam se separando. Na verdade, que *já* estavam separados. Passado.

Todos se viraram para Dennis, que disse:

— E isso foi muito difícil para você.

— Difícil? Foi *impossível*. Durante toda a minha vida eles estavam lá, sempre presentes, minha tábua de salvação. A única certeza no meu mundo. E eles simplesmente jogaram a toalha!

— Você parece zangado — disse Dennis.

— Eu estou uma *fera* — falou Tim. — É que ainda amo os dois, mas, nesse momento, eu meio que também odeio meus pais. Simplesmente não consigo aceitar o que estão fazendo. E o que dizer sobre toda a minha infância? Tudo não passa de uma mentira agora?

— Sabe, Tim... — disse Dennis — As pessoas mudam.

Tim balançou a cabeça.

— Mas não desse jeito.

Dennis pensou sobre o assunto.

— Como você acha que eles veem a situação? — indagou.

Tim pareceu surpreso.

— Não faço a menor ideia.

— Mas o que eles dizem a respeito?

— Argumentam que fizeram o melhor que puderam, e que essa foi a decisão certa para eles e que, com o tempo, vou acabar aceitando a situação. Mas acho difícil de acreditar nisso.

Dennis fez uma pausa e então falou:

— E se você tentasse... acreditar nisso de um jeito diferente?

— Não é assim que funciona! — explodiu Tim, fazendo a sala toda ficar em silêncio, então continuou: — Essa não! — Ele olhou para o Dennis. — Foi exatamente isso que Hem disse, não foi? — perguntou ele com um sorriso sem graça.

Dennis deu de ombros e respondeu:

— Basicamente.

— Então, o que você está querendo dizer? — perguntou Tim. — Que eles tomaram a decisão correta? E que teria sido *pior* para eles continuarem juntos tentando resolver suas diferenças?

Dennis balançou a cabeça.

— Não cabe a mim dizer isso. Ao analisar uma convicção, porém, gosto de me valer da indagação de Hem: *ela limita o seu progresso ou encoraja o seu avanço?* Faz com que você saia do Labirinto ou mantém você andando em círculos?

Tim abaixou o rosto, olhando para a mesa. Sua cabeça estava a mil.

— Apenas lembre-se de uma coisa, Tim — continuou Dennis. — Mudar de opinião não significa mudar quem você é.

Tim levantou a cabeça e encarou Dennis, depois assentiu.

98 / *Spencer Johnson*

— Sim — concordou ele. — Ok. Vou pensar sobre isso. — Ele fez uma pausa e logo acrescentou. — Talvez eu entre engatinhando no túnel do Hem, para ver se há alguma luz lá dentro.

Dennis abriu um sorriso.

— Isso seria ótimo, Tim.

Dennis olhou para o relógio na parede. A aula estava quase no fim.

— Na semana passada — continuou ele —, vimos como pode ser confuso quando há muitas mudanças acontecendo ao mesmo tempo. E alguns de vocês fizeram uma excelente pergunta: *por onde começo?*

Ele passou os olhos pela sala.

— Alex?

Os outros se deram conta de que Alex, que estivera tão falante na semana anterior, permaneceu praticamente em silêncio desde que Dennis terminou de contar essa nova história.

Alex permaneceu quieto por um longo instante, parecendo perdido em pensamentos. Então começou a falar pausadamente.

— Tenho a impressão de que começa *comigo.*

Dennis assentiu, como se dissesse "continue".

— Bem — disse Alex. — Estive tão concentrado nos problemas... No ramo em que trabalho, as mudanças acontecem o tempo todo, e é tudo uma grande confusão. É difícil se manter atualizado e saber o que fazer em seguida.

Como sair do labirinto / 99

— Você disse que se *mexeria junto com o queijo* se pudesse — interveio Brooke, lendo suas anotações. — Mas, na maioria das vezes, nem sabe onde ele foi parar.

— Isso mesmo — concordou Alex. — E era exatamente isso o que Hem estava tentando fazer, não era? Perambulando pelo Labirinto, tentando encontrar uma solução. Mas o ponto de partida dele não estava em nenhum lugar do Labirinto. Estava dentro de sua própria cabeça. Quando você disse "Saia do Labirinto", foi como um soco no estômago. Eu me dei conta de que o labirinto em que estou preso não é o meu trabalho, nem a minha empresa nem o meu ramo de atuação. É a minha própria abordagem. O Labirinto do qual eu preciso sair? Acho que o meu Labirinto é a minha própria maneira de pensar.

— Talvez tenha chegado a hora de se livrar das velhas convicções — disse Brooke.

— Exatamente — falou Alex. — E ter novas convicções!

Ben sorriu e acrescentou:

— Não se esqueça do que Hem pensou a respeito. *Existe algo fantástico do lado de fora do Labirinto!*

O grupo riu novamente e começou a bater palmas. Ben se levantou e fez uma reverência.

— Falou e disse — acrescentou Dennis com um sorriso. — Quando você se permite acreditar, um mundo de novas possibilidades se abre à sua frente. E isso é algo realmente *fantástico*. E com isso, meus amigos, nosso seminário chega ao fim. Quero agradecer a todos pela

100 / *Spencer Johnson*

proveitosa discussão e desejar-lhes o melhor em suas carreiras e em suas vidas pessoais.

"E quero deixar vocês com o seguinte pensamento: se você acha que extraiu algo de valor dessa pequena história, então espero que você..."

Compartilhe-a
com outras
pessoas

Esta é a carta que Spencer escreveu nos estágios finais de sua doença, que mostra como ele aceitou os princípios contidos neste livro.

Carta ao meu tumor

Olá, Tumor.

Eu amo você agora. Antes, você me dava medo, e eu lutava para derrotá-lo. Então reavaliei minhas convicções para descobrir se elas tinham mais a ver com o que eu amava ou com o que eu temia.

Sem dúvida, tinham a ver com o que eu temia.

E adoro o fato de ter aprendido a amar você, o que me parece uma ideia estranhíssima. Mas minha vida ficou muito mais rica. Quando fiquei doente, me dei conta de que poderia morrer a qualquer momento, então acabei me tornando uma pessoa muito mais compreensiva e afetuosa, mais ligada à família e aos amigos, com uma percepção maior da realidade e com mais consciência espiritual.

Por isso, obrigado. Obrigado. Obrigado!

Spencer Johnson, M.D.

Posfácio
por Ken Blanchard, Ph.D., coautor de
O novo gerente-minuto

Agora que você acabou de ler *Como sair do labirinto*, espero que se dê conta do poder de suas convicções, do impacto que elas podem causar no seu comportamento e as consequências disso. Uma pergunta que talvez você possa estar se fazendo é: "Será que Spencer Johnson apenas escrevia sobre o poder de escolher as próprias convicções ou ele realmente colocava isso em prática?"

Se por um lado fico contente em dizer que ele realmente praticava o que pregava, por outro fico triste em dar-lhe um exemplo concreto.

Perdi meu coautor e amigo para um câncer de pâncreas em julho de 2017. Ser diagnosticado com esse tipo de câncer geralmente é uma péssima notícia, já que pouquíssimas pessoas conseguem sobreviver por muito tempo. Quando Spencer recebeu esse diagnóstico, entendeu que tinha diante de si duas opções: administrar o que lhe restava do tempo de vida segundo um sistema de convicções baseado no medo ou baseado no amor. Se optasse pelo medo, o foco seria nele mesmo. Caso optasse pelo amor, o foco seria nas outras pessoas.

Fiquei maravilhado com a opção que ele fez de viver no amor. Spencer abriu o coração não apenas para familiares e amigos mais chegados, como também para pessoas com quem, por diversas razões, perdera contato e com quem não falava fazia anos.

As pessoas que conheci quando ia visitá-lo ficavam impressionadas com a maneira como Spencer se importava mais com elas e com o que estava se passando em suas vidas do que com a própria condição dele.

Durante minha última visita a Spencer, reencontrei Margret McBride, que havia sido nossa agente literária quando lançamos *O gerente minuto*. Telefonamos para Larry Hughes, ex-presidente da William Morrow, que havia publicado nossos livros, para dizer-lhe quanto lhe éramos gratos. Foi uma conversa inesquecível e enternecedora. Antes de ir embora, dei um abraço em Spencer e disse que estava muito orgulhoso por saber que ele havia optado pelas convicções positivas.

Emocionados ao perceber como essa escolha de Spencer resultou em uma partida tão amorosa, os filhos dele — Emerson, Austin e Christian — e eu ficamos mais empenhados do que nunca para garantir que este livro, que era de suma importância para ele, fosse publicado. Mesmo agora, podemos sentir um "Elogio minuto" vindo de Spencer.

Se você gostou dessa historinha tanto quanto eu, pode continuar o legado de Spencer compartilhando o livro com outras pessoas. Eu certamente pretendo fazer isso!

Ken Blanchard
San Diego, junho de 2018

Agradecimentos

Que contribuição inestimável o Dr. Spencer Johnson deu ao mundo! Um dos autores mais reverenciados e influentes do nosso tempo, Spencer evitou os holofotes, preferindo deixar as eloquentes palavras de suas simples fábulas falarem por si. É uma honra poder oferecer o livro *Como sair do labirinto* como seu adeus para o mundo, e queremos agradecer a todos aqueles que tornaram a publicação desta obra possível. Nossa gratidão vai especialmente para:

Os filhos de Spencer, Emerson, Austin e Christian, pelos importantes papéis que representaram na vida do pai e por terem ajudado a tornar este novo livro uma parte de seu duradouro legado. Nós e os milhões de leitores de Spencer nos solidarizamos com seu sofrimento e somos gratos pelos inúmeros presentes que seu pai nos deixou.

Ken Blanchard, grande amigo de Spencer e coautor de *O gerente minuto*. Ken foi o primeiro a encorajar Spencer a colocar sua história no papel, para que outras pessoas pudessem se beneficiar de sua modesta sabedoria, e que, depois de o livro ser publicado, se tornou o mais entusiasmado defensor da obra.

Hyrum W. Smith, cuja colaboração de longa data e contribuições inestimáveis ajudaram a tornar este livro possível.

Nossos primeiros leitores, que fizeram com que este livro ficasse o melhor possível.

Robert Barnett, da Williams & Connolly LLP; Kathryn Newnham, da Spencer Johnson Trust; Angela Rinaldi, da Angela Rinaldi Literary Agency; e Nancy Casey, assistente executiva de Spencer, por seu inestimável apoio e por sua ajuda.

Tom Dussel, Tara Gilbride, Ashley McClay, Madeline Montgomery, Chris Sergio, Merry Sun, Will Weisser, e os demais integrantes da equipe da Putnam and Portfolio, por sua dedicação ao projeto.

John David Mann, por seu atencioso e respeitoso toque pessoal na preparação do manuscrito para publicação; e Margret McBride, da Margret McBride Literary Agency, por todo o seu apoio.

Você, leitor, e os milhões de leitores e fãs, defensores e emissários da história original *Quem mexeu no meu Queijo?*

E, por fim, para o próprio Spencer. Nomeá-lo "mestre das verdades profundas em simples pacotes" seria verdade; mas seria apenas uma parte da verdade. Não por acaso, o criador dos livros best-sellers foi também médico e autor de livros infantis. O que ele mais quis não foi simplesmente propagar sabedoria em suas páginas, e sim oferecer às pessoas ferramentas práticas para que pudessem aprimorar suas vidas e, ao fazê-lo, ajudar a tornar o mundo um lugar mais saudável, mais feliz, um lugar mais profundamente gratificante.

Ivan Held, presidente da G. P. Putnam's Sons
Adrian Zackheim, fundador da Portfolio

Este livro foi composto na tipografia
Bembo Std, em corpo 13/16,5, e impresso
em papel off-white no Sistema Cameron da
Divisão Gráfica da Distribuidora Record.